Madhur Hai Prem Hamaara

हृदय की गहराइयों से निकलीं प्रेम कविताओं का एक अनूठा संग्रह

Sandhya Singh

BookLeaf Publishing
India | USA | UK

Made with ❤ on the BookLeaf Publishing Platform
www.bookleafpub.in
www.bookleafpub.com

Dedication

समर्पण

प्रेम के मनोभावों को संजोया यह काव्य-संग्रह उन सभी को समर्पित है:-

जिन्होंने शब्दों से परे, हृदय की गहराइयों में छिपे प्रेम को पहचाना, महसूस किया और मौन रहकर निभाया।

उन्हें, जो बीते हुए प्रेम को आज भी अपनी स्मृतियों में सहेज कर रखते हैं।

उन्हें, जो वर्तमान में प्रेम का हाथ हर परिस्थिति में थामे हुए हैं।

उनके लिए, जो आने वाले प्रेम में विश्वास रखते हुए इसकी कल्पनाओं के साथ आगे बढ़ रहे हैं।

और अंततः, यह संग्रह उन सभी को समर्पित है जिनके हृदय प्रेम के कारण टूटे और प्रेम की ही शक्ति से फिर से धड़कने लगे।

Preface

प्रस्तावना

बेहतर से बेहतरीन की तलाश में भागती और उलझनों से जूझती इस तेज़ रफ़्तार ज़िंदगी में, प्रेम की प्रकृति भी बहुत चंचल और अस्थिर हो गई है। आज का प्रेम फेसबुक-इंस्टाग्राम की दीवार से शुरू होकर व्हाट्सएप के चंद इमोजी और संदेशों की क्षणिक मुस्कान तक सिमट गया है। विडंबना देखिए कि जितनी जल्दी यहाँ नज़दीकियां बढ़ती हैं, उतनी ही जल्दी बेवजह की खामोशी और कुछ मुलाक़ात के बाद दूरियां भी ले आती है।

चकाचौंध भरी इस भीड़ में किसी एक को चुनना और उसी के साथ पूरी ईमानदारी से ठहर जाना ही आज के दौर की सबसे बड़ी चुनौती है। यह कविता संग्रह उसी साहस को स्वीकार करने की एक कोशिश है।

ये कविताएं आपसे सवाल करेंगी, आपके जवाब टटोलेंगी और आपके प्रेम के हर खट्टे-मीठे अनुभव को जीवंत करेंगी।

अनुरोध है कि इन्हें मोबाइल की 'रील्स' की तरह स्क्रॉल न करें। प्रेम की तरह ही इन शब्दों के साथ भी थोड़ा ठहरें। जहाँ ठहरना वर्जित हो, वहाँ रुकना ही प्रेम की सबसे बड़ी परीक्षा है। ये कविताएं आपको साथ होने के सुकून, प्रतीक्षा के आनंद और क्रोध के पीछे छिपे अनुराग का अहसास कराएंगी।

Acknowledgements

आभार

"यह काव्य-संग्रह केवल शब्दों का संकलन मात्र नहीं, अपितु किसी जीवन-यात्रा के उन अनमोल क्षणों, अनुभूतियों और एकांत में स्वयं से किए गए आत्म-संवाद का प्रतिबिंब है।

सर्वप्रथम आभार उन भावों और अनुभवों का, जो कभी मुस्कान, कभी मौन, तो कभी अंतर्मन के आक्रोश के रूप में उमड़ कर कविता की पंक्तियों में जीवंत हो उठे।

मैं अपने परिवार, गुरुजनों और मित्रों के प्रति हृदय से कृतज्ञ हूँ, जिनके अडिग विश्वास और निरंतर प्रोत्साहन ने मेरी लेखनी को संबल प्रदान किया।

उन सभी सुधी पाठकों का विशेष आभार, जो केवल शब्दों को पढ़ते नहीं, बल्कि उनके पीछे छिपे भावों को महसूस करते हैं। कोई भी रचना तभी सार्थक होती है, जब उसे एक सहृदय पाठक की संवेदना प्राप्त हो।"अंततः, उन अनकहे नामों का हृदय से आभार, जो इस काव्य-संग्रह का हिस्सा हैं। वे केवल शब्दों में नहीं, बल्कि मेरी भावनाओं में सदैव जीवंत हैं और रहेंगे।"

1. ।। मधुर है प्रेम हमारा।।

पूछा उसने एक रोज
बड़े आहिस्ते से..
क्या लगती हो मेरी..
आखिर तुम रिश्ते से?
मन के सब भाव समेट..
नयन में थाम के अश्रु...
धीरे से बोली
सुनो...
मेरे प्यारे से फ़रिश्ते ।
मैं एक अधूरी गजल सी ..
कि तुम हो जिसके हिस्से...
बस जो अहसास करा दो तुम
हम हैं वो रिश्ते ।।

फिर होकर वो मायूस..
नयन छलका कर बोले ।
मेरे हृदय पर प्रतिघात ..
करो मत ऐसे प्रिये।
रिश्ते नातों से परे..
मिली वो सूरत हो तुम ।
ममता की लगती छांव..
प्रेम की मूरत हो तुम ।
दीपक को रौशन करे प्रिये ..
वो ज्योति हो तुम ।।

बुझ जाएगा बिन ज्योति के..
ये दीप तुम्हारा ।।
है जन्मों जन्म का बंधन ..
और ये साथ हमारा ।।
बिसरे ना जो सांसों की ...
अंतिम बेला तक भी।
ऐसा अटूट है प्रेम और विश्वास हमारा
रिश्ते नातों से परे मधुर है प्रेम हमारा।
मधुर है प्रेम हमारा ।

2. ।। प्रेम : सृष्टि का श्रेष्ठ उपहार है।।

प्रेम को प्रेम से कब निहारा गया?
कब हृदय से इसे स्वीकारा गया?

लेखनी ने लिखा, पाठकों ने पढ़ा,
प्रेम रूह में मगर कब उतारा गया?

प्रेम ग्रंथों की व्याख्या में पावन रहा,
चल - चित्रों में भी ख़ूब रोशन रहा ।

सिर्फ सुनने-सुनाने में रस घोलता,
किस्से-किरदारों की धड़कनों में रहा ।

शब्दों में तो अमर है सदा के लिए ,
प्रेम को कब धरा पर उतारा गया ।

प्रेम को प्रेम से कब निहारा गया...

प्रेम पाने को दो रूहें जब भी मिलीं,
प्रेम की कांति फिर क्यों मलिन हो गई ?

क्यों किसी ने कभी ये विचारा नहीं?
प्रेम को जग का कोई सहारा नहीं ,

मिली मझधार तो, पर किनारा नहीं।
बंदिशें, रंजिशें और पहरे मिले,

प्रेम को घाव हरदम ही गहरे मिले।
कैद पंछी सा पिंजरे में उड़ता रहा,

सिसकियों में कभी, हिचकियों में रहा।
प्रेम रूहें सदा ही तड़पतीं रहीं ।

प्रेम हृदय सदा ही धड़कता रहा,
बीच पत्थर के अंकुर सा उगता रहा ।

रेत बंजर सी भूमि पर आशा लिए,
मेघ सावन के जैसे बरसता रहा ।

शूल के बीच में प्रेम का पुष्प बन,
उपवन में सदा वो महकता रहा ।

प्रेम को प्रेम की दृष्टि से देखिए,
प्रेम सागर के जैसा है फैला हुआ ।

नीर गंगा के जैसा है पावन सदा ,
प्रेम पावन है पावन रहेगा सदा ।

सृष्टि का सार है, जग का आधार है,
प्रेम ही सृष्टि का श्रेष्ठ उपहार है।
प्रेम ही सृष्टि का श्रेष्ठ उपहार है ।।

3. ।। सुनो, रात एक सपना देखा।।

सुनो, रात एक सपना देखा

मन के छुपे हुए भावों का,
सुंदर एक गुलिस्तां देखा।
स्वप्न में हसीं नज़ारा देखा,
सुनो, रात एक सपना देखा।

रात चांदनी की नगरी में
गूंज रही थी शहनाई,
डोली सजी हुई सपनों की
चलकर घर मेरे आई।

लाल-गुलाबी जोड़ा देखा,
चूड़ी, कंगन, मेहंदी, काजल,
और बिंदिया पर एक सितारा देखा।
स्वप्न में हसीं नज़ारा देखा,
सुनो, रात एक सपना देखा।

छन-छन पायल को छनकाती,
चाल मोरनी-सी बलखाती,
अपनी शर्माती-सी लजाती,
चंचल शोख अदाएं देखीं।

दुल्हन जैसी सजी हुई थी,
हवन-कुंड के आगे बैठी,
हाथ में हाथ तुम्हारा देखा।
स्वप्न में हसीं नज़ारा देखा,
सुनो, रात एक सपना देखा।

चुटकी भर सिंदूर से तुमको
अपनी मांग सजाते देखा।
गठबंधन की गांठ में देखा
एक अटूट विश्वास तुम्हारा।

और विदाई की बेला पर
करुण क्रंदन मां का देखा।
सुनो, रात एक सपना देखा।

आंख खुली तो तन्हाई थी,
बस जीवन की सच्चाई थी।
छुपे हुए मन के भावों का
बस स्वप्न में ही हंसी नज़ारा देखा।
सुनो, रात एक सपना देखा।।

4. ।। आख़िर तुम कौन हो ?।।

आख़िर तुम कौन हो ?
सुनो..
मैं तुम्हारी वर्णमाला
तुम मेरे मौन हो ।
आख़िर तुम कौन हो ?
जब..
हर दर्द, हर खुशी,
माथे के चुंबन से,
बांट ली तुमने,
तब..
तुम मुझे मेरे पिता जैसे लगे।
आखिर तुम कौन हो ?
जब..
साइकिल के हैंडिल से ,
कार के स्टेयरिंग तक ।
थामे रहे हाथ मेरा..
प्रेम के एहसास से परे,
देते रहे जो हौसला ।
तब..
तुम मेरे सखा से लगे,
आख़िर तुम कौन हो ?
जब..
नई - नई कोपल को छू दिया तुमने ,
और मेरे वृक्ष बन गए ।

मैं आपकी धुरी और
आप मेरे अक्ष बन गए ।
तब..
आप प्रेमी लगे
और सज़ा के मांग सिंदूर से मेरी ।
तुम मेरे जीवन साथी बन गए ।
अनछुई वीणा के तारों के,
प्रथम स्पर्श तुम मैं और
मैं तुम हूं ।।

5. ।। प्रिय जीवन में जब तुम आए।।

जीवन साथी मेरे जीवन में,
प्रियवर बनकर जब से आए ।
मेरी बेरंग सी छोटी दुनियां,
तुमने उसको आयाम दिया ।
कर प्रेम रंगों से अभिसिंचित,
जीवन रूपी इस बगिया को,
गुलशन सा तुमने महकाया ।
मेरे रूप -रंग की महिमा कर,
मेरे अंतर मन को हर्षाया ।

जीवन साथी मेरे जीवन में
प्रियवर बनकर जब से आए ।
मन जब जब थक कर बिखर गया,
नित जीवन के संघर्षों से ।।
तुमने तब तब आकर जोड़ा,
कतरा कतरा मेरे मन का ।
तुमने मुझको स्वीकार किया,
हर हाल में मुझसे प्यार किया ।
मेरी जीत हुई या हार हुई,
तुमने सब अंगीकार किया ।।

जीवन साथी मेरे जीवन में
प्रियवर बनकर जब से आए ।

होकर मायूस कभी बैठी,
बिन कहे सुने मेरे हृदय के,
हर भावों को जाने कैसे पहचान लिया ।
मेरा रौद्र रूप, मेरा प्रेम रूप,
मेरी अल्हड़ शोख जवानी हो ।
बचपन की सी नादानी हो,
तुमने मुझे आकर कर थाम लिया ।
प्रेममयी आंखों में भर ,
मुझसे प्यारा इज़हार किया ।
मैं रहूं सदा हर हाल में खुश,
इतना सा वादा मांग लिया ।
देकर ऐसा मेरा साथ प्रिय,
मेरे जीवन को साकार किया।
हर हाल मुझसे प्यार किया ।
हर हाल में मुझसे प्यार किया ।।

6. ।। ज्योति का श्रृंगार दीप है।।

ज्योति का श्रृंगार दीप है,
काजल , कंगन हार नहीं।
वह मिट्टी की देह बहुत है,
तपना जिसने सीखा हो ।
बैठ दीप की गोद सुरक्षित ,
ज्योति रोशन होती है ।
वरना ज्योति भी डरती है ,
तेज हवा के झोंको से ।
दीप साथ हो ज्योति के ,
तो जलना भी पूजा होती है ।
बिना दीप के जली जो ज्योति ,
बिना रौशनी दिए हुए ।
बाती पूरी जल जाती है।।

ज्योति का श्रृंगार दीप है ।
बिन बोले कुछ दीप ज्योति से,
सहज ही साथ निभाता है ।
और ज्योति उसकी चुप्पी में
उसको रोशन कर करती है।
अगर कभी छा जाए अँधेरा,
बहुत ही गहरा जाए अँधेरा।
तो याद सदा तुम ये रखना,
आयेगी तब पावन ज्योति ।
अपने दीपक से मिलने,

ज्योति कर श्रृंगार दीप के ,
घेरे में रोशन होगी ।।
और रोशनी से अपनी
सबको रोशन कर जाएगी ।
सबको रोशन कर जाएगी।।

7. ।। नैनों को कर मैं बंद प्रिये ।।

जब होते हो तुम दूर प्रिये,
नैनों को कर मैं बंद प्रिये ।
बस तुम्हें निहारा करती हूं ।
करके सोलह श्रृंगार प्रिये,
मनुहार तुम्हारा करती हूं ।
हृदय के स्पंदन में हो प्रिये,
तुम रोम रोम में समाये हो ।
पाकर तेरी एक झलक मैं प्रिये ,
बस खुद को बिसारा करती हूं।

बिंदिया की चमक,चूड़ी की खनक ,
पायल रुनझुन रुनझुन करके ,
सब तुम्हें पुकारा करते हैं ।
मेरे शब्दों के तुम अर्थ प्रिये ,
बिन अर्थ व्यर्थ मेरा जीवन ।
सुन एक मधुर -संवाद तेरा ,
मन मंद मधुर मुस्कान भरे ।
अधरों पे कमल खिल जाते हैं।
तेरी यादों के चलचित्रों में,
सागर सी हिलोरे भरता मन ।
नदियां की बन मैं जल-धारा ,
सागर में विलय हो जाती हूँ।
फिर नैनों को कर मैं बंद प्रिये,
बस तुम्हें निहारा करती हूं ।

करके सोलह श्रृंगार प्रिये,
मनुहार तुम्हारा करती हूं।
मनुहार तुम्हारा करती हूँ ।।

8. ।। प्रीत की रीत।।

प्रेम के बीज हृदय में बोये थे जो,
प्रेमांकुर खिले तो कहां चल दिए?
नीर गंगा सी पावन मेरी प्रीत को,
बिन दिए कोई संगम कहां चल दिए?
प्रीत की रीत को छोड़ दहलीज पर,
बिन दिए आशियां तुम कहां चल दिए?

मिथ्या रूठी थी तुमसे, मैं इस आस में,
तुम चले आओगे, मेरे मोहपाश में।
बाल में गज़रा, पांव में पायल मुझे,
तुम सजाओगे आके बड़े प्यार से।
भर के बाहों में चूमोगे माथा मेरा,
और मनाओगे मुझको बड़े प्यार से।
प्रेम की ऊष्मता से पिघल जाऊंगी,
आके बाहों में तेरी संवर जाऊंगी।

आये हो तुम मगर, साथ बैठे नहीं,
प्रेम से कुछ कहे, बिन सुने ही...
खींच कर हाथ को हाथ से तुम,
चीरकर हृदय मेरा, कहां चल दिए?
सखियों ने कहा, कहा संसार ने,
दर्द ही दर्द होता है इस प्यार में।
सच यही है, बताकर ये तुम भी,
अपनी ज्योति बुझाकर कहां चल दिए?

सुनो... मेरे आसन्न बैठो ज़रा,
मुग्ध हृदय जो कर दे, कहो कुछ ज़रा।
लाया हूं मंगल-माला तुम्हारे लिए,
पहन लोगी अभी, या रुकोगी अभी?
चढ़ के आऊंगा घोड़ी तुम्हारे लिए,
ले के जाऊंगा दुल्हन बना के तुम्हें।

हाथ को अंजुलि में रख के कहो,
साथ छोड़ेंगे अब ना तुम्हारा कभी।
साथ दोगे सदा, ये इरादा करो,
प्रीत की रीत को अब निभाएंगे हम,
हाथ में हाथ लेकर ये वादा करो।

9. ।। मोहब्बत के तराजू में।।

मेरे शब्दों को मत तोलो
मोहब्बत के तराजू में।
मोहब्बत दिल की भाषा है,
जो नज़रों से बयां होती है।

समझने को इसे मासूम-सा
अपना रखो दिल तुम,
मौन रहकर भी मेरे दिल के
वो सब भाव पढ़ लोगे –
जिन्हें शब्दों की माला
मैं कभी पहना नहीं पाई।

मेरे शब्दों को मत तोलो
मोहब्बत के तराजू में।
नहीं चाहत मुझे मल्लिका बनूं
महलों की मैं तेरे।
तेरे दिल के घरौंदे में
मेरा बस आशियाना हो।

तमन्ना ही नहीं मेरी
तेरी महफ़िल में आ आऊं,
मगर तू जाम छलकाए
नशा बन के मैं छा जाऊं।

मेरे शब्दों को मत तोलो
मोहब्बत के तराजू में।
मोहब्बत कैसी होती है,
भला तुम क्या सिखाओगे?

तुम जितनी कर न पाओगे,
मैं करके भूल जाती हूँ।
याद कब-कब आती हमें–
भला कैसे बताऊं मैं?

कि लम्हे चंद ही होते
तो उनका ज़िक्र कर देती,
मगर तुम जान लो इतना –
मेरी सांसें जो चलती हैं,
तुम हर पल संग सांसों के
मेरे दिल में धड़कते हो।

मेरे शब्दों को मत तोलो
मोहब्बत के तराजू में।
तू पावन प्रेम की वंशी,
जिसे मैं पा नहीं सकती,
तो मीरा बन के जीती हूं,
तेरी पूजा मैं करती हूं।

तेरी पूजा मैं करती हूं,
तेरा सजदा मैं करती हूं,
मोहब्बत रूह में भर के

इबादत ही तो करती हूं।

मोहब्बत रूह में भर के
इबादत ही तो करती हूं।

10. ।। प्रेम की प्रतीक्षा।।

नियति का संजोग देखो..
तुम से आकर हम मिले ।
नैनों के मिलते ही जुगुनू..
पलकों पर प्यार से आकर सजे।
बिन कहे कुछ बिन सुने कुछ,
दिल ने तुमको चुन लिया ।
प्रेम रागिनी ने दो दिलों को हर लिया ,
हृदय ने हृदय से मिल हृदय -संवाद कर लिया ।।

नियति का संजोग देखो,
तुमसे आकर हम मिले ।
आत्मा ने आत्मा को ..
प्रेम से कुछ यूं छुआ ,
जैसे जन्मों के दो साथी ,
आज आकर हों मिले ।
प्रेम का ये मधुर संगम ..
चंद लम्हों का ही था,
और हम फिर प्रेम हृदय ,
में संजो कर चल दिए ।
प्रेम की प्रतीक्षा में ..
हम वहां से चल दिए ।

नियति का संजोग देखो,
तुमसे आकर हम मिले।

हृदय में बेचैनियाँ ....
और नैनों में प्रतीक्षा भर ।
आपसे मिलने के सपने ,
रात दिन संजोने लगे ।
प्रेम की ये वेदना...
जो आपसे मिलकर मिली 1
एक कली कचनार की ,
प्रेमाग्नि में कुंभला गई ।
क्या कोई संजोग होगा ..
फिर हमारे दरमियां ?
या हृदय की गूंज मेरी...
तुम्हें खींच लाएगी यहां

नियति का संजोग देखो,
तुमसे आकर हम मिले ।
प्रेम की प्यासी ये आँखें..
इक झलक पाकर तेरी,
झिलमिलाते जुगनुओं के
भांति फिर खिल जाएगी ।
प्रेम की प्रतीक्षा ...
होगी मुकम्मल तब मेरी,
जब पास आकर तुम कहोगे
मैं तुम्हारा और तुम मेरी ।।

11. ।। तुम बिन मैं व्यर्थ हूँ ।।

प्रीत हो मनमीत हो तुम,
रागिनी मैं, गीत हो तुम ।
जो हृदय को मुग्ध कर दे,
वो मधुर संगीत हो तुम ।
मैं मचलती हुई सरिता,
शांत से गहरे सागर हो तुम ।
मरुस्थल की तपती भूमि पर,
सावन के बरसते मेघ हो तुम ।
मेरे मन के उपवन में ,
तुम महकते मकरंद हो ।
जेठ की तपती दुपहरी में ,
शीतल घनी छाया लिए ,
चलते हो तुम साथ एक वट -वृक्ष से ।
मैं संध्या सी हूँ वनिता ,
तुम पुरुष प्रदीप्त हो ।
मैं एक जलती ज्योति हूँ।
तुम दीप हो पावन मेरे अर्धांग हो ।
मेरे नैनों के अनुराग हो ।
मेरी वाणी की मिठास हो ।
मेरे मौन मन के शब्द हो ।
मेरे शब्दों के तुम अर्थ हो ।
तुम बिन मैं व्यर्थ हूं ।
हां तुम बिन मैं व्यर्थ हूं।।

12. ।। प्रेम की छांव ।।

क्रोध को क्रोध ही समझा सदा,
हमदम मेरे तुमने ।
छिपा रखा था क्या -क्या क्रोध में,
देखा नहीं तुमने ।
कभी देखी ना लाचारी,
मेरे नैनों के अश्कों की ।
क्रोध में बह रहे थे जो ,
राह तकते हुए तेरी ।
सुने वो शब्द जो फिसले जुबां से
क्रोध में आकर।
रह गया अनकहा कितना,
कभी तुम सुन नहीं पाये ।
कभी हम कह नहीं पाये ,
हृदय की प्रीत के भावों को,
हम- तुम पढ़ नहीं पाये ।।

क्रोध को क्रोध ही समझा,
सदा हमदम मेरे तुमने ।
कभी समझी नहीं तुमने,
मेरी वाणी की वो पीड़ा।
क्रोध में कह रही थी जो -
मेरा तुम ख्वाब हो ।
बस ख्वाब को महफ़ूज़ रहने दो ।
यकीन मुझको न दिलवाओ ,

बनोगे हमसफ़र मेरे ।
क्रोध में कह गई थी मैं,
काश ये तुम समझ लेते ।
थाम कर हाथ तुम मेरा,
मेरे संग -संग चले चलते ।

क्रोध को क्रोध ही समझा,
सदा हमदम मेरे तुमने ।
क्रोध के आवरण को स्नेह से ,
देखो हटा कर तुम ।
पाओगे प्रेम की प्रतीक्षारत ,
एक भावुक मन,
जो तड़पता है क्रोध में भी ,
तुम्हारे पास आने को ।
ढूंढता है तुम्हीं को शोर में...
तुम्हें खोने से डरता है ।
प्रेम- बंधन की अपनी
डोरी कहीं टूट ना जाए ।
बिखर ना जाये वो ख्वाब ,
जिसमें जीवन भर का नाता है ।
थाम लो आके हाथों को,
तुम्हें ही मानते अपना ।
बुझा दो मन की तपन को अब,
प्रेम की छांव बनकर तुम ।।

13. ।। प्रीत की सुनहरी भोर ।।

खिला खिला उठती है ,
मेरी हर सुबह ।
जब
सूर्य की किरणों से पहले,
स्नेहिल स्पर्श से,
रख हाथ मेरे ललाट पर
तुम जगाते हो मुझे ,
निद्रा के आगोश से ।
आंख खुलती जब मेरी
स्वपन के मीठे झरोखों से मैं निहारती
गूंजते हैं सुर तुम्हारे गीत के,
जैसे पंछी कर रहे हों ,
कलरव अपनी प्रीत के ।
घुल रही होती फिज़ा में ,
खुशबु हरसिंगार की ।
खिड़की पे लिपटी हुई,
अपराजिता श्रृंगार कर,
नीले रंग की छटा से ,
नीले नैनन को मोह रही ।
रात की रानी भी थक कर,
ओस की चादर पे सो रही ।
प्रीत की बगिया में बैठे ,
दो प्रेमियों को हर्षा रही,
प्रकृति की अनुपम छवि ।

खिला खिला उठती है मेरी हर सुबह ।
जब
सूर्य की किरणें निकलती हैं,
है मिटाने तिमिर को ।
मेरे अंतर्मन के तिमिर को ,
मिटाता तुम्हारा तेज है ।
मंद मंद मधुर -मुस्कान ,
अधरों पे मेरे सज रही ।
बिन कहे ही दिल की बातें,
तुमसे जाकर मिल रही ।
चाय की प्याली में देखो ,
प्रेम रस है घुल रहा ।
देख कर चेहरा तुम्हारा ,
मेरी सुबह निखर रही ।
साथ पाकर आपका ,
ऐसा मेरे ओ साथिया ।
साधना जीवन की जैसे ,
सफल मेरी हो गई ।
हर भोर की है यही अब अर्चना ,
हो शुरू हर भोर तुमसे और तुम्हीं पर हो खत्म ।
सूर्य की मैं किरण बन संग संग तुम्हारे ही चलूं।
साथ हों हम तुम संध्या के बेला पर सदा ।
जैसे ज्योति दीप के आगोश में रहती सदा ।।

14. ।। प्रेम के पंख ।।

मेरा मन, अब मेरा नहीं रहा ।
पंख से लग गए हैं मेरे मन को ,
अब ये मन मेरा कहना नहीं मानता ।

मेरा मन अब मेरा नहीं रहा ।।
दूर कहीं ऊंचे गगन में,
मस्त परिंदे के जैसे,
नित नई उड़ान भरना चाहता है।
ऐ जिंदगी तुझसे..
मुलाकात करना चाहता है।

मेरा मन अब मेरा नहीं रहा ।
बिना किसी बंदिश और पहरे के,
मेरा मन मदमस्त मौन मधुर स्मृति लिए ।
कभी मीच के नैनों को तो कभी,
नैनों के झरोखों से बस ज़िंदगी ,
तेरा दीदार करना चाहता है।

मेरा मन अब मेरा नहीं रहा।
प्रेम के पंख लग गए हैं,
मेरे मन को ? या
आवारा हवा का कोई झोंका,
बिन डोर ही मुझे तेरी ओर,
खींचे चला जाता है ।

मेरा मन अब मेरा नहीं रहा।
बाँधती हूँ लाख मन की डोर को,
चंचल हवा के झोंको में,
टूट जातीं हैं डोर सारी।
बिन डोर के ही मन,
तेरी ओर खिंचा जाता है।

मेरा मन अब मेरा नहीं रहा।
जब से तुझे सोचा तुझे चाहा,
तुझे मांगा है मैंने मेरी जिंदगी,
तुझसे मिलकर ऐ जिंदगी,
मन को जो सुकून मिलता है
ना जाने इसकी कब से थी चाहत।

मेरा मन अब मेरा नहीं रहा।
तुझे अलविदा कहने से पहले,
भरपूर जीना चाहता है मेरा मन।
मेरा मन अब मेरा नहीं रहा।
मेरा मन अब..
तेरा ही होना चाहता है।।

15. ।। चलो फिर चलते हैं वहीं ।।

दुनियाँ की इस भीड़ में।
खो गए हम तुम कहीं।
चलो फिर चलते हैं वहीं

जहाँ कभी
बैठे थे हम दरख़्तों की छांव में ।
कुछ अनकहे कुछ अनसुने किस्से,
सुनाए थे उन हवाओ ने ।
चंद लम्हें प्यार के गुजारे थे,
जिन फिज़ाओं में ।
चलो उन किस्सों को ,
पूरा सुनते हैं,
कुछ लम्हें फिर अपने लिए चुनते हैं।
एक नया किस्सा साथ होकर बनते हैं।

चलो फिर वहीं चलते हैं।
जहाँ
चांदनी उतरी हुई थी ,
शांत सी लहरों के ऊपर ।
अक्स में तुम दिख रहे थे ,
हाथ मेरा हाथ में ले ।
कोई वादा कर रहे थे ।
चलो फिर वहीं चलते हैं,
वो अधूरा वादा याद करते हैं ।

अपने लिए उस वादे को पूरा करते हैं।।

चलो फिर वहीं चलते हैं,
जहाँ
सुनी राहें हमारे चलने से ,
गुलज़ार होती थीं ।
दुनियां की नजरों से बेपरवाह,
हाथ में हाथ थामे दूर निकल जाते थे ।
समाज के रस्मों रिवाजों से परे ।
हम - तुम से आगे निकलकर ,
सिर्फ ' 'हम '' बन जाना चाहते थे।
चलो फिर वहीं चलते हैं ।
अपनी मोहब्बत के जख्मों पर,
प्रेम का मरहम लगाते हैं ।
और हम - तुम को फिर से ,
'' हम '' बनाते हैं ।।
चलो फिर वहीं चलते हैं।
चलो फिर वहीं चलते हैं।।

16. ।। ख्वाब का प्यारा जहां ।।

हक़ीक़त से परे है ख़्वाबों का प्यारा जहाँ मेरा ।
जहाँ रहती है तन्हाई, मगर तन्हा नहीं होती।।

मीलों का सफ़र पल भर में दिल तय करके आता है।
मिलन की आस संग लेकर जुदाई ग़म भी देता है।।

ख़्वाबों में जो हो जाती हैं मुकम्मल-सी मुलाक़ातें।
हक़ीक़त में वही लम्हें अधूरे छूट जाते हैं।।

फ़साना-ए-दिल ख़्वाबों में मैं तुमको जो सुनाती हूँ।
हक़ीक़त में न जाने क्यों ज़ुबाँ ख़ामोश रहती है।।

अगर तुम सुन सको तो सुन लो तन्हाई के वो क़िस्से ।
महफ़िल में तो हाले-दिल बयां नज़रों से होता है।।

तुम्हारा और मेरा प्रेम नदी के दो किनारे हैं।
जो मिल नहीं सकते , मगर फिर भी सहारे हैं।।

खुली पलकों में रहते हो , सदा तुम ख्वाब में मेरे ।।
पलकें मूँदते ही तुम मेरे सपनों में आते हो ।

हृदय में प्रेम के संगीत के जब साज बजते हैं ।
तो रूहें तोड़ देती हैं सरहदों के सभी बंधन ।।

नज़र जो देख न पाए, रूह उसे छू के आती है ।
तभी तो दूर होकर भी तुम्हारे पास रहती हूं।।

मेरे दिल के घरौंदे में यादों की महफ़िल जो सजती ।
हकीकत की खामोशी को मुकम्मल कर ही जाती है।।

जुबां पर ठहर जाते हैं तुम्हारे लब्ज़ आकर जो ।
मगर तुम ख्वाब में आकर हज़ारों बातें करते हो ।।

प्रेम जिस्मों का इतना खूबसूरत हो नहीं सकता ।
उतर जाए रूह में तो जुदा कोई कर नहीं सकता ।।

रूह से रूह का मिलना, बहुत ही खूबसूरत है।
ये ख्वाबों का जहां मेरा बहुत ही खूबसूरत है।।

17. ।। प्रेम और तकदीर ।।

जीवन के इस हसीं सफर में,
इक मुसाफ़िर साथ चला,
आंखों में अपनापन लेकर,
हाथों में ले हाथ चला।
सुकून भरे कुछ लम्हे देकर,
बस गया वो मन के मंदिर में,
जैसे जीवन-साथी मेरा,
मुझसे आकर आन मिला।
और समझ बैठा यह नादाँ दिल,
कि जीवन का हमसफ़र मिला।

जीवन के इस हसीं सफर में,
इक मुसाफ़िर साथ चला,
चाहत के भावों की लहरें,
मन के द्वारे तक जा पहुँचीं,
पर खत्म हुआ जब सफर सुनहरा,
तब राह में हम अकेले थे।
जज्बातों की उस आँधी के,
आँखों में बस मेले थे,
सूनी-सूनी आँखों में मेरी,
अरमानों के कोरे घेरे थे।
तब अंतर्मन में बैठा मेरा,
मौन पथ-प्रदर्शक बोल उठा,
नादाँ दिल को जीवन की,

कड़वी सच्चाई समझाते,
"तू सजा ले कितनी भी राहें,
पाने को साथ मुसाफ़िर का,
मगर हर मुसाफ़िर ऐ राही,
जीवन का हमसफ़र नहीं होता।"
रचा ले मेहंदी उसके नाम की,
चाहे तू अपनी हथेली में,
पर साथ कभी मिल नहीं पाता,
जो अंकित न हो लकीरों में।
कुछ लोग सिर्फ मुसाफ़िर हैं,
जो चंद कदम ही चलते हैं,
देकर यादें जीवन भर की,
गहरा सबक़ सिखा जाते हैं।
तकदीरों का संजोग न हो तो,
पाकर भी सब खो देते हैं,
चाह कर भी मिटा नहीं पाते,
हम अमिट लेख तकदीरों के।।

18. ।। प्रेम की बरसात ।।

ऐ बरखा इस कदर से आ,
जमीं पर तू बरसने को ।
ये सूखे और मुरझाए से मन,
सब के भिगो जा तू ।
ये बंजर सी दिलों की है ज़मी,
इन पर बरस आकर ।
बरस ऐसे कि अंकुर प्यार के,
इनमें उगा जा तू ।

ऐ बरखा इस कदर से आ,
जमीं पर तू बरसने को ।
दिलों के दरमियाँ जो,
फासलों की खाईयां गहरीं ।
बरस ऐसे कि नदियां प्यार की,
इनमें बहा जा तू ।

ऐ बरखा इस कदर से आ,
जमीं पर तू बरसने को ।
ये खिड़की और दरवाजे,
प्रेम के रास्ते सारे ।
बंद है नफरतों की धूल से,
मन मंदिर के सब द्वारे ।
बरस ऐसे कि इनकी ,
नफरतें बह जाएं दरिया में ।

मोहब्बत और सुकून की आस को
इनमें जगा जा तू ।

ऐ बरखा इस कदर से आ,
जमीं पर तू बरसने को ।
दिलों में सूख कर मुरझा गईं,
कलियाँ मोहब्बत की ।
चुभ रहीं हैं दिलों में,
शूल की जैसी हो कोई बगिया ।
बीज कांटों के बोकर के,
महकना भूल बैठी हो ।
बरस ऐसे कि खुशबू प्यार की,
इनमें बसा जा तू ।
मोहब्बत की हसीं से,
खिल -खिला उठे सभी कलियाँ ।
ऐ बरखा इस कदर से आ ज़मीं पर,
प्रेम की बरसात करने को ।।

19. ।। वसंत का प्यार ।।

ज़िंदगी अचानक ...
हसीं ख्वाब सी हो गई ।
किसी गुलशन में महकी
 वसंत की बयार सी हो गई ।
सूरज की तपती धूप भी
प्रेम की शीतल घनी छांव सी हो गई ।

ज़िंदगी अचानक ...
हसीं ख्वाब सी हो गई ।
मन अब वो मन कहां रहा?
कांटों की बगिया से खींच कर,
अपनी चुनरी के पंख लगा कर ।
किसी खूबसूरत तितली सा हो गया ।
ये बेरंग सी दुनियां बेहद रंगीन हो गई ।

ज़िंदगी अचानक ...
हसीं ख्वाब सी हो गई ।
वो तनहाई वो खामोशियां अब,
प्रेम की सुरीली मल्हार बन गई ।
मेरी पायल की रुनझुन,
खामोश दिल की संगीत बन गई ।
मेरे दिल की धड़कन और,
तुम्हारी प्रीत बन गई ।

ज़िंदगी अचानक ...
हसीं ख्वाब सी हो गई ।
चांद के जैसे बढ़ती गई प्रीत तुम्हारी,
मैं अमावस की रात से ,
चांदनी में नहाई पूनम की रात बन गई ।
ना कोई शिकवे रहे, ना शिकायत,
तुम आए मेरी जिंदगी में ,
वसंत की बयार की भीनी भीनी खुशबू लिए ।
मेरी जिंदगी वसंत का प्यार बन गई ।।

20. ।। तुम ही हो मेरा अभिमान ।।

मेरे जीवन धन, मेरे प्राण प्रिय ,
मेरे प्राणनाथ मेरे प्राणेश्वर ।
किन लफ्जों से संबोधित कर,
कह डालूं दिल का हाल प्रिय ।
किन शब्दों से ज्ञापित कर दूं ,
मैं अपने दिल का प्रेम प्रिय ।

पतझड़ की सूखी डाली पर ,
तुम खिले पलाश के फूल से हो ।
बिन फैलाए खुशबू कोई,
मेरे मन को महका जाते हो ।
रंग प्रीत के सिंदूरी लाल लिए
आ जाते मांग सजाने को ।

मैं जेठ की तपती दुपहरी सी,
सावन के बरसते मेघ हो तुम ।
कर प्रेम बरसा से अपनी,
मुझे शीतलता दे जाते हो ।
जीवन की कठिन डगर के,
तुम ही हो मेरे सच्चे साथी ।

सिन्दूरी-संध्या सी लाज लिए,
सीने में सिमट जाऊं तेरे ।
जब चाँद सी शीतल रात ढले ।

महफूज़ रहूं मैं तब तेरी ,
बाहों के गहरे पहरे में ।

मेरी पहचान के हर पन्ने पर,
लिखा है तुम्हारा नाम प्रिय।
तुमसे ही बढ़ी मेरी शान प्रिय ,
तुम ही हो मेरा सम्मान प्रिय ।
तुम ही हो मेरा अभिमान प्रिय।।

21. ।। पापा का प्यार : मेरी अधूरी अभिलाषा ।।

खिलखिलाता -सा मेरा बचपन,
उस दिन मुझसे रूठ गया ।
नन्हें हाथों से जिस दिन,
पापा का हाथ ही छूट गया ।
जिस दिन पापा ने जग छोड़ा,
व्याकुलता बस इतनी थी ।
अब पापा किसको बोलूंगी,
सबसे यही पूछती थी ।
किसी का उत्तर ना पाती तो,
मां के आँचल छिप जाती ।
उस दिन मेरी मां ने मुझ पर,
कितनी ममता वारी थी ।
मां के गम की गहराई का,
तब मुझको एहसास नहीं।
धवल- श्वेत वस्त्रों में मैंने,
अपनी मां को जब देखा ।
फूट - फूट कर कितना रोई,
यह भी मुझको ज्ञात नहीं ।

खिलखिलाता -सा मेरा बचपन,
उस दिन ही पीछे छूट गया ।
जिस दिन मेरे पापा का ,
जीवन ही उनसे रूठ गया ।

बिना पिता की बेटी हो तुम,
इक दिन मां ने समझाया ।
जीवन भर स्मरण रहे यह,
कुछ भी ऐसा वैसा मत करना।
अपने स्वर्गीय पूज्य पिता का,
नाम सदा रौशन करना ।

अल्हड़ - पन को छोड़,
समझदारी का दामन थाम लिया ।
बिना पिता की बेटी हूँ मैं।
सरल ना ये जीवन होगा,
नाम पिता का रौशन करना
यह प्रण मन में ठान लिया ।
बचपन छूटा, घर भी छूटा ।
आँचल भी मां का छूट गया ।
पढ़ने को जब नन्हीं बच्ची ।
बुआ के घर दिल्ली आई ,
खेल- खिलौने , गुड़िया गुड्डे ,
सब कुछ मां को दे आई।

पापा को निज- अंतर्मन रख,
कठिन परिश्रम शुरू किया ।
कठिन परिश्रम करके मैंने,
सरकारी सेवा पाई ।
नाम पिता का रौशन करने,
शहर पिता के ही आई मैं।

मेरे जीवन संघर्षों में,
जिनका भी सहयोग रहा ।
अपने पापा के हिस्से का,
उन्हें सदा सम्मान दिया ।
पर मुझको मेरे पापा जैसा,
नहीं किसी ने प्यार दिया ।
नहीं किसी ने मुझको अपनी,
बेटी जैसा मान दिया ।

पापा के सत्कर्मों का फल,
जीवन में कुछ ऐसे पाया ।
जो चाहा सब कुछ ही पाया,
पापा का आशीष रहा ।
पर बचपन की वो अभिलाषा,
पापा -पापा कहने की ,
कभी ना पूरी हो पाई,
कभी ना पूरी हो पाई ।

धन्य धन्य हो गई मैं पापा,
इतना साथ भी पाकर के ।
अगर कभी नन्हीं सी बेटी,
बन के फिर से आ जाऊं।
नाम तुम्हारा ही संग लाऊं,
और साथ तुम्हारा ही पाऊँ।

www.ingramcontent.com/pod-product-compliance
Lightning Source LLC
Chambersburg PA
CBHW070649240926
51846CB00003BA/837
* 9 7 8 9 3 7 5 4 3 6 2 2 5 *